1권

# 하나님 안에서의 나의 신분

토기장이

토기장이 바이블 스터디 틴 시리즈는
한국교회의 청소년들이 영적으로 각성되고
말씀 위에 세워지기를 소망하며
토기장이에서 만든 청소년 성경공부 교재입니다.



특별한 표기가 없는 모든 성경 구절은 개역개정성경을 인용한 것입니다.

# Contents

## 1. 하나님 안에서의 나의 신분



## 2. 사순절과 기쁨의 50일 I

## 토기장이 바이블 스터디 틴 시리즈, 이렇게 사용하면 백점 만점!

「토기장이 바이블 스터디 틴 시리즈」는 한 가지 주제 아래 통일성 있는 예배 진행을 위한 교재로서 '찬양-설교-2부 순서-성경공부'까지 물 흐르듯 연결되어 예배의 집중도를 높이고, 짧은 성경공부 시간을 최대한 활용할 수 있도록 구성된 교재입니다.

### 마음을 열어봐!

성경공부를 시작하기 전, 간단하지만 톡톡 튀는 아이디어들이 가득한 짧은 활동을 통해 성경공부에 대한 기대감과 흥미를 갖게 해줍니다.

### 성경을 열어봐!

말씀을 배우고 깊이 묵상하는 활동입니다. 설교말씀과 함께 이어지는 본문 말씀을 읽고 문제를 풀어보세요. 성령님의 도우심을 따라 말씀을 '내 것'으로 만들어 보세요.

### 세상을 열어봐!

배운 말씀을 삶속에 구체적으로 적용하도록 돕는 활동입니다. 이 활동을 통해 매일매일 말씀으로 살아가는 기쁨과 능력을 경험하세요. 여러분이 세상 가운데 하나님의 은혜를 흘려보내는 축복의 통로가 되기를 기대하며 기도합니다.

Togijangi Bible Study teen series

1

# 하나님 안에서의 나의 신분

**01** 나를 지으신 주님 • **02** 사랑받는 나 • **03** 나는 부족하더라도 •
**04** 하나님 아버지의 마음 • **05** 나는 주님의 기쁨 •
**06** 축복의 통로 • **07** 나는 주님의 성전 • **08** 주의 전신갑주를 입고

# 01 나를 지으신 주님

**성경본문** 시편 139:13-16
**중심구절** 시편 139:14

## 나의 가치는?

상

중

하

항목 | 외모는? | 성적은? | 재산은? (용돈이나 저축의 양) | 수상경력 | 가정에서의 위치 | 국가적인 위치

만약 당신이 국제적인 테러범들에게 납치된다면, 당신의 가치는 대략 얼마로 환산될 수 있을까요? ______________ 원

## 나를 지으신 주님

시편 139:13-16

13 주께서 내 내장을 지으시며 나의 모태에서 나를 만드셨나이다
14 내가 주께 감사하옴은 나를 지으심이 심히 기묘하심이라 주께서 하시는 일이
기이함을 내 영혼이 잘 아나이다
15 내가 은밀한 데서 지음을 받고 땅의 깊은 곳에서 기이하게 지음을 받은 때에
나의 형체가 주의 앞에 숨겨지지 못하였나이다
16 내 형질이 이루어지기 전에 주의 눈이 보셨으며 나를 위하여 정한 날이 하루
도 되기 전에 주의 책에 다 기록이 되었나이다

1. 나는 누구에 의해, 어떻게 지음 받았나요?(13-14절)

2. 하나님이 나를 지으신 것은 우연히 일어난 일이었나요, 철저하게 계획된 일이었나요? 어떤 구절에서 그것을 알 수 있는지 찾아 적어보세요.

3. 오늘 말씀을 근거로, 고민하고 있는 친구들에게 격려의 메시지를 써주세요.

작은 키로 속상해하는 일곱 난쟁이들에게,

절망에 빠진 백설공주에게,

욕심과 질투에 사로잡힌
왕비에게,

# 아주 특별한 편지

전달 | ×삭제 | 수정 | 인쇄 | 메일이동▾

**☆ 너는 특별하단다**

⊟ 보낸사람 : God〈God@fromheaven.com〉 주소록에 추가 | 수신차단
보낸시간 : 2009-12-28 (월) 09:44:01
받는사람 : My Love

너는 나를 잘 모르지만 나는 너를 너무도 잘 알고 있단다시 139:1.
네가 일어나거나 앉아 있는 것도 알고 있고시편 139:2
심지어는 네 머리털을 다 셀 정도란다마 10:29-31.
네가 태어날 날을 나는 미리 정해서 내 책에 다 기록하였고시 139:15-16
신묘막측하게 만들어시 139:14 태어나게 하였단다시 71:6.
아이야, 너는 나의 자녀이고 나는 너의 아버지란다요일 3:1.
나는 나의 사랑을 너에게 아낌없이 주고 싶단다요일 3:1.
아이야! 네게 필요한 것과 있어야 할 것을 내가 다 안단다마 6:31-33.
너를 향한 나의 마음을 헤아릴 수조차 없구나시 139:17-18.

나는 너로 인하여 기쁨을 이기지 못하여 노래 부르며습 3:7 너에게 복 주기를 멈추지 아니하리니렘 32:40, 나를 기뻐하려무나, 네 마음의 소원을 이루어 주리라시 37:4.
네가 구하거나 생각하는 것보다 넘치도록 주고 싶단다엡 3:20.
나는 모든 환난 중에도 너를 위로할고후 1:3-4 너의 위로자란다살후 2:16-17.
너의 마음이 상할 때 내가 너를 더욱 가까이할 것이다시 34:18.
너와 화목하게 하려고 나의 독생자 예수가 죽었으니고후 5:18-19
그의 죽음은 너를 향한 나의 사랑이란다요일 4:10.
너의 사랑을 얻기 위해 나의 소중한 아들을 아끼지 아니했단다롬 8:31-32.
그렇기에 나의 사랑에서 너를 끊을 것은 아무것도 없단다롬 8:38-39.
나는 언제나 너의 아버지였고 앞으로도 그럴 것이다엡 3:14-15.

사랑한다.

하나님의 아들 예수 그리스도의 생명과 바꾼 말할 수 없이 소중한 존재인 당신.
당신은 이제 스스로를 사랑하고 존중할 준비가 되었습니까?

## 02 사랑받는 나

**성경본문** 로마서 5:8, 8:38-39 ; 요한일서 4:16,19 ; 스바냐 3:17
**중심구절** 로마서 5:8 ; 스바냐 3:17

### 칭찬 받으려면?

당신은 칭찬받기 위해 노력해본 일이 있나요? 아래의 상황에서 당신이 인정받기 위해 할 수 있는 노력들을 적어보세요.

**부모님께**
인정받고 싶어서 나는,

**선생님께**
인정받고 싶어서 나는,

**친구들 사이에서**
인정받고 싶어서 나는,

그렇다면 하나님께 인정받기 위해
내가 할 수 있는 일은 무엇일까요?

이곳에
적어보세요

## 사랑의 메아리

로마서 5:8 우리가 아직 죄인 되었을 때에 그리스도께서 우리를 위하여 죽으심으로 하나님께서 우리에 대한 자기의 사랑을 확증하셨느니라

로마서 8:38-39

38 내가 확신하노니 사망이나 생명이나 천사들이나 권세자들이나 현재 일이나 장래 일이나 능력이나
39 높음이나 깊음이나 다른 어떤 피조물이라도 우리를 우리 주 그리스도 예수 안에 있는 하나님의 사랑에서 끊을 수 없으리라

요한일서 4:16,19

16 하나님이 우리를 사랑하시는 사랑을 우리가 알고 믿었노니 하나님은 사랑이시라 사랑 안에 거하는 자는 하나님 안에 거하고 하나님도 그의 안에 거하시느니라
19 우리가 사랑함은 그가 먼저 우리를 사랑하셨음이라

스바냐 3:17 너의 하나님 여호와가 너의 가운데에 계시니 그는 구원을 베푸실 전능자이시라 그가 너로 말미암아 기쁨을 이기지 못하시며 너를 잠잠히 사랑하시며 너로 말미암아 즐거이 부르며 기뻐하시리라 하리라

1. 위의 말씀들의 공통 주제는 무엇일까요?

2. 하나님의 사랑은 언제 시작되었나요?(롬 5:8)

3. 하나님이 우리를 사랑하시는 이유는 무엇인가요?(요일 4:16,19)

4. 다음은 우리를 향한 하나님의 마음을 표현한 것입니다. 빈칸을 채워보세요(습 3:17).

제 1 호

# 상 장

하나님의 특별 사랑상

이름 :

위 사람은 어떤 공로도 없지만 특별한 하나님의 사랑을 받은 자로서, 하나님은 위 사람을 인하여 ______ 을 이기지 못하시며 잠잠히 ______ 하시며 즐거이 부르시며 기뻐하시기에 이에 상장을 수여합니다.

년 월 일

## 속삭임

그 때

예수님은 내게 다가와 조심스럽게
나를 안아주셨다.

그리고 떨리는 목소리로 내게 속삭이셨다.

이제는 흔들리지 말아라.
슬퍼하지도 말고, 아파하지도 말아라.

너는 한 가지만 기억하면 된단다.

너보다도 더 너를 사랑하는
내가 있다는 것을….

네가 아니었다면,
그 수치스러운 십자가를
내가 굳이 질 필요도 없었겠지….

예수님은 당신보다도 더 당신을 사랑하십니다. 거울을 보고 나에게 이렇게 말해 보세요. "하나님은 나보다도 더 나를 사랑하고 계셔"라고요.

## 03 나는 부족하더라도

**성경본문** 출애굽기 2-6장
**중심구절** 출애굽기 4:10-17

### 터진 김밥과 못난이 만두

스스로가 터진 김밥이나 못난이 만두같이
부족하다고 느낀 적이 있나요?
특별히 언제 그런 마음이 들었나요? 그 이유는 무엇이었나요?

## 떨기나무 옆에서

출애굽기 4:10-17

10 모세가 여호와께 아뢰되 오 주여 나는 본래 말을 잘하지 못하는 자니이다 주
께서 주의 종에게 명령하신 후에도 역시 그러하니 나는 입이 뻣뻣하고 혀가
둔한 자니이다
11 여호와께서 그에게 이르시되 누가 사람의 입을 지었느냐 누가 말 못하는 자나
못 듣는 자나 눈 밝은 자나 맹인이 되게 하였느냐 나 여호와가 아니냐
12 이제 가라 내가 네 입과 함께 있어서 할 말을 가르치리라
13 모세가 이르되 오 주여 보낼 만한 자를 보내소서
14 여호와께서 모세를 향하여 노하여 이르시되 레위 사람 네 형 아론이 있지 아
니하냐 그가 말 잘하는 것을 내가 아노라 그가 너를 만나러 나오나니 그가 너
를 볼 때에 그의 마음에 기쁨이 있을 것이라
15 너는 그에게 말하고 그의 입에 할 말을 주라 내가 네 입과 그의 입에 함께 있
어서 너희들이 행할 일을 가르치리라
16 그가 너를 대신하여 백성에게 말할 것이니 그는 네 입을 대신할 것이요 너는
그에게 하나님같이 되리라
17 너는 이 지팡이를 손에 잡고 이것으로 이적을 행할지니라

1. 하나님이 모세를 부르셨을 때 모세는 뭐라고 대답했나요?(출 4:10)

2. 자신을 못난이 만두처럼 여겼던 모세. 아래 제시된 모세의 성장 배경 중 모세의 낮은 자존감에 영향을 끼쳤을 것 같은 항목을 골라보세요.

- ☐ 모세는 친가족과 강제로 헤어진 채 자랐다.
- ☐ 그의 부모는 모세를 강에 내버렸다.
- ☐ 모세는 누이의 기지로 친어머니의 돌봄을 받으며 자랐다.
- ☐ 그는 애굽의 왕자로 물질의 부족함이 없었고, 애굽의 모든 지혜를 배웠다.
- ☐ 그는 바로의 궁전에서 자라면서 바로를 어떻게 대해야 하는지를 배웠다.
- ☐ 그는 자기 백성을 도우려 했지만 결과적으로 살인을 저지르고 말았다.
- ☐ 그는 사람을 죽이고 도망자가 되어 사막에 몸을 숨겼다.
- ☐ 그는 하나님의 일은 인간의 힘이 아니라 믿음으로 하는 것임을 배웠다.
- ☐ 그는 사막에 살면서 자기 백성을 사막으로 인도할 때 필요한 것들을 배웠다.

3. 이런 모세에게 하나님은 뭐라고 말씀하시나요?(출 4:12–15)

## 레나 마리아

두 팔이 없고 한쪽 다리가 짧은 중증 장애인으로 태어났지만, 레나 마리아는 자신을 못난이 만두라고 생각하지 않습니다. 그녀는 장애인 올림픽에서 메달을 딴 수영 선수이며, 세계적인 가스펠 싱어입니다. 무엇보다 그녀는 하나님의 사랑을 받는 소중한 하나님의 자녀입니다. 그녀는 당당하게 고백합니다.

"제 인생은 언제나 하나님이 책임져 주셨어요."

그녀가 그렇다면, 당신도 그렇습니다.

# 04 하나님 아버지의 마음

**성경본문** 누가복음 15:11-24
**중심구절** 누가복음 15:24

## 나는 네 과거를 알고 있다!

당신에게 걸려온 한 통의 협박 전화!
그는 당신이 저지른 과거의 잘못을 알고 있으며 이것을 부모님과 학교에 알리겠다며 거액의 돈을 요구합니다. 이런 상황에서, 당신은 어떻게 하겠습니까?

## 어떤 둘째 아들의 이야기

1. 왜 둘째 아들은 집을 나갔을까요?(눅 15:11-13)

2. 둘째 아들에게 일어난 일을 순서대로 재구성해 봅시다(눅 15:17-19).

3. 둘째 아들이 돌아왔을 때 아버지의 심정을 표현해주는 구절에 밑줄을 그어봅시다.

11 또 이르시되 어떤 사람에게 두 아들이 있는데
12 그 둘째가 아버지에게 말하되 아버지여 재산 중에서 내게 돌아올 분깃을 내게 주소서 하는지라 아버지가 그 살림을 각각 나눠 주었더니
13 그 후 며칠이 안 되어 둘째 아들이 재물을 다 모아 가지고 먼 나라에 가 거기서 허랑방탕하여 그 재산을 낭비하더니
14 다 없앤 후 그 나라에 크게 흉년이 들어 그가 비로소 궁핍한지라
15 가서 그 나라 백성 중 한 사람에게 붙여 사니 그가 그를 들로 보내어 돼지를 치게 하였는데
16 그가 돼지 먹는 쥐엄 열매로 배를 채우고자 하되 주는 자가 없는지라
17 이에 스스로 돌이켜 이르되 내 아버지에게는 양식이 풍족한 품꾼이 얼마나 많은가 나는 여기서 주려 죽는구나
18 내가 일어나 아버지께 가서 이르기를 아버지 내가 하늘과 아버지께 죄를 지었사오니
19 지금부터는 아버지의 아들이라 일컬음을 감당하지 못하겠나이다 나를 품꾼의 하나로 보소서 하리라 하고
20 이에 일어나서 아버지께로 돌아가니라 아직도 거리가 먼데 아버지가 그를 보고 측은히 여겨 달려가 목을 안고 입을 맞추니
21 아들이 이르되 아버지 내가 하늘과 아버지께 죄를 지었사오니 지금부터는 아버지의 아들이라 일컬음을 감당하지 못하겠나이다 하나
22 아버지는 종들에게 이르되 제일 좋은 옷을 내어다가 입히고 손에 가락지를 끼우고 발에 신을 신기라
23 그리고 살진 송아지를 끌어다가 잡으라 우리가 먹고 즐기자
24 이 내 아들은 죽었다가 다시 살아났으며 내가 잃었다가 다시 얻었노라 하니 그들이 즐거워하더라

누가복음 15:11-24

4. 이 이야기를 통해 알 수 있는 우리를 향한 하나님의 마음은 무엇인가요?

## 다시 주님의 손잡기

'달려가시는 하나님'에 대한 이야기를 들어본 적 있나요?
성경 어디에도 하나님이 뛰신다고 직접 기록되어 있지는 않지만,
바로 여기, 탕자의 비유에서 '달려가시는 하나님'을 만날 수 있습니다.
저 멀리, 마을 어귀에 그토록 기다리던 잃어버린 아들의 모습이
어렴풋이 보일 때
주저하지 않고 맨발로 달려나가는 아버지.

당신을 사랑하시는 하나님은 바로 그런 분입니다.

우리는 때론 하나님을 슬프게 하지만, 여전히 당신은 하나님의 자녀입니다.

# 05 나는 주님의 기쁨

**성경본문** 데살로니가전서 4:1-9 ; 잠언 25:13 ; 에베소서 5:8-11
**중심구절** 데살로니가전서 4:1

## 주님 웃으세요!

예수님은 다양한 표정의 소유자!
당신이 무엇을 할 때, 예수님이
이런 표정을 지으실까요?

## 하나님을 기쁘시게 하는 비결

### 두루마리 1 : 데살로니가전서 4장

1 그러므로 형제들아 우리가 끝으로 주 예수 안에서 너희에게 구하고 권면
하노니 너희가 마땅히 어떻게 행하며 하나님을 기쁘시게 할 수 있는
지를 우리에게 배웠으니 곧 너희가 행하는 바라 더욱 많이 힘쓰라
3 하나님의 뜻은 이것이니 너희의 거룩함이라
7 하나님이 우리를 부르심은 부정하게 하심이 아니요 거룩하게 하심이니
8 그러므로 저버리는 자는 사람을 저버림이 아니요 너희에게 그의 성령을
주신 하나님을 저버림이니라
9 형제 사랑에 관하여는 너희에게 쓸 것이 없음은 너희들 자신이 하나
님의 가르치심을 받아 서로 사랑함이라

### 두루마리 2 : 잠언 25:13

충성된 사자는 그를 보낸 이에게 마치 추수하는 날에 얼음냉수
같아서 능히 그 주인의 마음을 시원하게 하느니라

### 두루마리 3 : 에베소서 5장

8 너희가 전에는 어둠이더니 이제는 주 안에서 빛이라 빛의 자녀
들처럼 행하라
9 빛의 열매는 모든 착함과 의로움과 진실함에 있느니라
10 주를 기쁘시게 할 것이 무엇인가 시험하여 보라
11 너희는 열매 없는 어둠의 일에 참여하지 말고 도리어 책망하라

1. 바울이 우리에게 한 부탁은 무엇인가요?(살전 4:1 ; 엡 5:10)

2. 각각의 두루마리에 적혀 있는 '주님을 기쁘시게 하는 비결'은 무엇인가요?

두루마리 1 (살전 4:3) ------------------------------------------------

두루마리 2 (잠 25:13) ----------------------------------------------

두루마리 3 (엡 5장) ------------------------------------------------

3. 세 가지 비결을 내 삶에서 열매 맺기 위해 나는 어떤 결단을 할 수 있을까요?(각 질문에 대한 내 생각을 체크해 봅시다)

단계 1. 내가 하나님을 기쁘게 해드릴 수 있다는 사실을 깨달은 것은 나에게,

- ☐ 지금까지 그러지 못한 내 모습을 지적당한 것 같았다.
- ☐ 놀랄 만한 일이었다.
- ☐ 하나님을 더 잘 섬기라는 자극제가 되었다.

단계 2. 내 삶에서 하나님을 기쁘게 해드리려면,

- ☐ 내 생활의 몇 가지는 조정될 필요가 있다.
- ☐ 무리가 아닐까 하는 생각이 먼저 든다.
- ☐ 대체로 잘해 나가고 있는 중이다.

단계 3. 하나님을 더 기쁘게 해드리기 위해서 나는

- ☐ (그 외) ------------------------------ 이 필요하다.

부모가 자녀를 키우며 가장 행복한 일은
자녀가 부모님께 사랑과 감사를 표현할 때입니다.
자녀가 무얼 많이 주어서도, 잘해서도 아닙니다.
그저 표현하는 마음이 기쁜 것입니다.

만약 우리가 하나님을 사랑하는 마음을 표현하며 살아간다면,
그것으로 하나님은 충분히 기쁘실 것입니다.

당신의 삶에도 주님을 향한 사랑의 고백이 있습니까?

# 06 축복의 통로

성경본문 창세기 12:1-2, 49:22-26 ; 베드로전서 2:9
중심구절 베드로전서 2:9

## 친구들 사이에서 나는 누구입니까?

하나님은 당신이 어떤 존재가 되기를 원하실까요?

## 축복의 통로

창세기 12:1-2

1 여호와께서 아브람에게 이르시되 너는 너의 고향과 친척과 아버지의 집을 떠나 내가 네게
보여 줄 땅으로 가라
2 내가 너로 큰 민족을 이루고 네게 복을 주어 네 이름을 창대하게 하리니 너는 복이 될지라

창세기 49:22-26

22 요셉은 무성한 가지 곧 샘 곁의 무성한 가지라 그 가지가 담을 넘었도다
23 활 쏘는 자가 그를 학대하며 적개심을 가지고 그를 쏘았으나
24 요셉의 활은 도리어 굳세며 그의 팔은 힘이 있으니 이는 야곱의 전능자 이스라엘
의 반석인 목자의 손을 힘입음이라
25 네 아버지의 하나님께로 말미암나니 그가 너를 도우실 것이요 전능자로 말미암나
니 그가 네게 복을 주실 것이라 위로 하늘의 복과 아래로 깊은 샘의 복과 젖먹이는
복과 태의 복이리로다
26 네 아버지의 축복이 내 선조의 축복보다 나아서 영원한 산이 한 없음같이 이 축복이
요셉의 머리로 돌아오며 그 형제 중 뛰어난 자의 정수리로 돌아오리로다

베드로전서 2:9

그러나 너희는 택하신 족속이요 왕 같은 제사장들이요 거룩한 나라요 그의 소유가 된 백성이니 이는 너희를 어두운 데서 불러 내어 그의 기이한 빛에 들어가게 하신 이의 아름다운 덕을 선포하게 하려 하심이라

1. 하나님은 아브라함이 무엇이 될 것이라고 말씀하셨나요?(창 12:1-2)

2. 야곱이 아들 요셉에게 해준 축복의 내용을 찾아보고, 각각 어떤 의미를 가지고 있는지 써보세요(창 49:22).

무성한 [ ][ ] ⋯ 풍성한 축복을 받는 사람

샘 곁에 있는 가지 ⋯ 축복의 근원이 [ ][ ][ ] 않는 사람

[ ]을 넘는 가지 ⋯ 축복이 자신뿐 아니라 [ ]을 향하여 뻗어가는 사람

3. 그리스도인으로서 우리는 어떤 존재인가요?(벧전 2:9, 4가지를 찾아 밑줄 그으세요)

4. 하나님이 우리에게 복을 주시는 이유는 무엇인가요?(벧전 2:9)

## 담장을 넘는 가지

저 담장 너머에는 당신을 통해 복을 누리기 원하는 손길들이 있습니다.
어떤 복을 어떤 공동체에 전할 수 있을까요?
당신이라는 나무를 통해 복 받을 공동체와 복의 내용을 채워보세요.

하나님이 당신을 부르셨을 때,
그저, 당신에게만 복을 주고, 당신만 행복하라고 부르신 것은 아닙니다.
하나님은 당신을 통해, 하나님의 축복이
세상 가운데로 뻗어나가기를 소원하고 계십니다.

# 07 나는 주님의 성전

**성경본문** 고린도전서 6:12-20 ; 로마서 12:1-2
**중심구절** 고린도전서 6:19-20

## TV 광고

TV를 통해 우리 몸에 필요한 것을 다룬 광고를 많이 보셨죠? 기억에 남는 광고가 있다면 어떤 내용이었는지 소개해봅시다.

세상은 우리 몸에 대해서 많은 이야기를 합니다.
그렇다면, 성경은 우리 몸에 대해서 어떻게 말하고 있을까요?

## 주님의 성전 된 나의 몸

### 고린도전서 6:12-20

12 모든 것이 내게 가하나 다 유익한 것이 아니요 모든 것이 내게 가하나 내가 무
엇에든지 얽매이지 아니하리라
13 음식은 배를 위하여 있고 배는 음식을 위하여 있으나 하나님은 이것저것을 다
폐하시리라 몸은 음란을 위하여 있지 않고 오직 주를 위하여 있으며 주는 몸
을 위하여 계시느니라
14 하나님이 주를 다시 살리셨고 또한 그의 권능으로 우리를 다시 살리시리라
15 너희 몸이 그리스도의 지체인 줄을 알지 못하느냐 내가 그리스도의 지체를 가
지고 창녀의 지체를 만들겠느냐 결코 그럴 수 없느니라
16 창녀와 합하는 자는 그와 한 몸인 줄을 알지 못하느냐 일렀으되 둘이 한 육체
가 된다 하셨나니
17 주와 합하는 자는 한 영이니라
18 음행을 피하라 사람이 범하는 죄마다 몸 밖에 있거니와 음행하는 자는 자기
몸에 죄를 범하느니라
19 너희 몸은 너희가 하나님께로부터 받은바 너희 가운데 계신 성령의 전인 줄을
알지 못하느냐 너희는 너희 자신의 것이 아니라
20 값으로 산 것이 되었으니 그런즉 너희 몸으로 하나님께 영광을 돌리라

### 로마서 12:1-2

1 그러므로 형제들아 내가 하나님의 모든 자비하심으로 너희를 권하노니 너희
몸을 하나님이 기뻐하시는 거룩한 산 제물로 드리라 이는 너희가 드릴 영적
예배니라
2 너희는 이 세대를 본받지 말고 오직 마음을 새롭게 함으로 변화를 받아 하나
님의 선하시고 기뻐하시고 온전하신 뜻이 무엇인지 분별하도록 하라

1. 우리 몸은 '무엇'이며 그 '이유'를 찾아 적어보세요(고전 6:19-20).

• 우리 몸은 무엇? ☐☐ 의 ☐

• 그 이유는? ① ……………………

② ……………………

2. 로마서 12:1-2은 우리 몸으로 하나님이 기뻐하시는 산 제물로 드리기 위하여 어떻게 해야 한다고 말하나요? 본문에 밑줄을 그어보세요.

3. 다음의 편지를 읽고 바울이 대답했을 것 같은 답장을 본문을 참고해서 써보세요.

바울 선생님께,
내 마음을 깨끗하게 유지하기만 하면 내가 원하는 육체적인 모든 것을 행해도 되나요?
동엽 올림

동엽이에게
그것은 불가능하단다. 왜냐하면 네 마음과 몸은 따로 떨어질 수 없기 때문이야. 어떻게 깨끗한 마음과 더러운 육체를 함께 가질 수 있겠니?
몸이 어떤 일을 하는 동안 마음은 그냥 쉬고 있는 게 아니란다. 네 몸은 그리스도를 위해 쓰여져야 하고 또 성령의 전이란 걸 명심하렴.
성적인 죄, 술, 과식 등은 네 몸에만 영향을 끼치는 것이 아냐. 그건 몸과 마음을 포함한 너의 전 인격에 영향을 끼친단다. 그러니까 네 몸과 마음을 모두 깨끗하고 순수하게 간직해야 한단다.
너의 친구, 바울로부터

바울 선생님께,
제가 알기에 바울 선생님은 그리스도인은 자유하기 때문에 무슨 일이든 다 할 수 있다고 하셨다는데, 정말 그런가요?
홍철 올림

홍철이에게

바울 선생님께,
제 친구들이 저보고 너무 보수적이래요. 이성친구를 사귈 때도 정말 사랑한다면 어느 정도까지는 괜찮지 않냐는 거예요. 선생님 생각은 어떠세요?
이랑 올림

이랑이에게

## 그래, 결심했어!

'그래, 결심했어!' 코너에 오신 여러분을 환영합니다. 오늘도 어김없이 선택의 기로에서 고민하고 있는 친구들이 있군요. 당신이 상담해줄 친구를 선택하고, 그 문제에 대한 서로 다른 결심의 결과에 대해서 함께 생각해봅시다.

| 그래, 결심했어! 하고 싶은 대로 할거야! | 그래, 결심했어! 한번 더 참아보는거야! |
|---|---|
| • | • |
| • | • |
| • | • |
| • | • |

선택에는 결과가 따르게 마련입니다.
하나님은 당신을 위해 가장 좋은 것을 주시는 분임을 기억하세요.

# 08 주의 전신갑주를 입고

성경본문 에베소서 6:10-20
중심구절 에베소서 6:11

## 로마시대 군인이 된다면?

로마의 군인인 당신은 당장 내일 전투에 나가야 합니다. 아래 물건들 중 당신이 꼭 필요하다고 생각하는 것 6가지를 골라보세요.

## 하나님의 전신갑주

에베소서 6:10-20

10 끝으로 너희가 주 안에서와 그 힘의 능력으로 강건하여지고
11 마귀의 간계를 능히 대적하기 위하여 하나님의 전신 갑주를 입으라
12 우리의 씨름은 혈과 육을 상대하는 것이 아니요 통치자들과 권세들과 이 어둠
의 세상 주관자들과 하늘에 있는 악의 영들을 상대함이라
13 그러므로 하나님의 전신갑주를 취하라 이는 악한 날에 너희가 능히 대적하고
모든 일을 행한 후에 서기 위함이라
14 그런즉 서서 진리로 너희 허리 띠를 띠고 의의 호심경을 붙이고
15 평안의 복음이 준비한 것으로 신을 신고
16 모든 것 위에 믿음의 방패를 가지고 이로써 능히 악한 자의 모든 불화살을 소
멸하고
17 구원의 투구와 성령의 검 곧 하나님의 말씀을 가지라
18 모든 기도와 간구를 하되 항상 성령 안에서 기도하고 이를 위하여 깨어 구하
기를 항상 힘쓰며 여러 성도를 위하여 구하라
19 또 나를 위하여 구할 것은 내게 말씀을 주사 나로 입을 열어 복음의 비밀을 담
대히 알리게 하옵소서 할 것이니
20 이 일을 위하여 내가 쇠사슬에 매인 사신이 된 것은 나로 이 일에 당연히 할
말을 담대히 하게 하려 하심이라

1. 마귀의 간계를 대적하기 위해 우리가 해야 하는 일 2가지는 무엇인가요?(엡 6:11,18)

2. 우리의 씨름(영적 전쟁)에서 상대하는 대상은 누구인가요?(4가지, 엡 6:12)

3. 하나님의 전신갑주를 구성하는 것들의 이름과 의미를 적어보세요(엡 6:14-17).

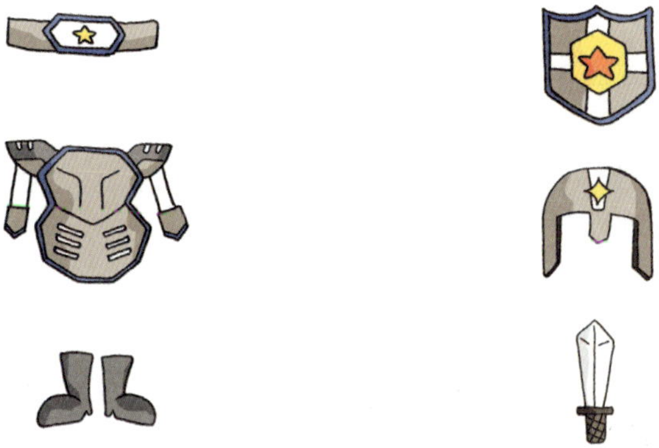

4. 나의 신앙생활에 하나님의 전신갑주를 어떻게 적용할 수 있을지 적어보세요.

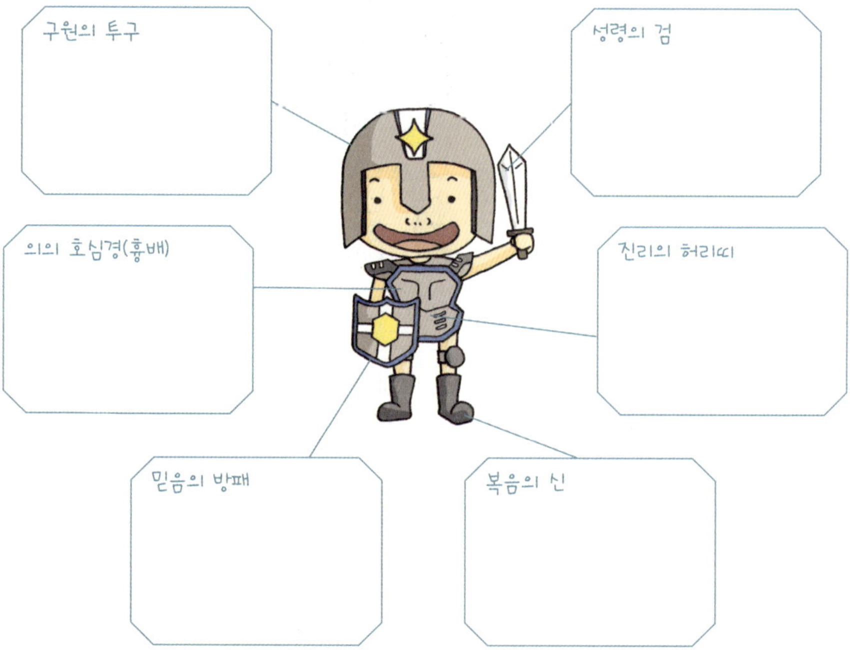

## 돌아설 수 없는 싸움

그거 알고 계세요?
하나님의 전신갑주에는 등을 보호하기 위한 장비는 없다는 것을!
때로는 영적 전쟁이 힘들고 어렵게 느껴져서 도망치고 싶을 때가 있겠지만,
우리는 이 거룩한 영적 싸움에서 돌아설 수가 없습니다.
뒤돌아서면 지는 것이기 때문입니다.

'대적한다'는 영어 표현은 'stand against'로 '맞선다'는 의미입니다. 이것은 상대를 피하기 위해 몸을 수그리거나 져서 쓰러지는 것이 아니라 '대항해서 굳건히 서 있다'는 말입니다.

마귀의 간계를 능히 대적하기 위하여 하나님의 전신갑주를 입으라(에베소서 6:11).

Toegijangi Bible Study teen Series

2

# 사순절과 기쁨의 50일 I

**01** 아들을 보내신 하나님 • **02** 사람으로 오신 예수님 • **03** 죄인의 친구 •
**04** 선한 목자 • **05** 십자가를 지심 •
**06** 살아나신 그리스도 • **07** 마라나타 • **08** 성령의 열매

# 01 아들을 보내신 하나님

**성경본문** 요한복음 3:16-17 ; 로마서 5:8
**중심구절** 로마서 5:8

## 프로포즈

다음의 프로포즈 중 가장 마음에 드는 것을 고르고 그 이유를 말해보세요.

진정한 사랑이란 무엇일까요?

## 예수님만이 오직 한 길

요한복음 3:16-17

16 하나님이 세상을 이처럼 사랑하사 독생자를 주셨으니 이는 그를 믿는 자마다
멸망하지 않고 영생을 얻게 하려 하심이라
17 하나님이 그 아들을 세상에 보내신 것은 세상을 심판하려 하심이 아니요 그로
말미암아 세상이 구원을 받게 하려 하심이라

로마서 5:8

우리가 아직 죄인 되었을 때에 그리스도께서 우리를 위하여 죽으심으로 하나님께서 우리에 대한 자기의 사랑을 확증하셨느니라

1. 하나님이 독생자를 주신 이유는 무엇인가요?(요 3:16-17)

2. 우리가 받은 구원은 누구로 인한 것인가요?(롬 5:8)

결국, 선물은 나의 행위에 대한 보상이 아니라, 은혜로 주어지는 것입니다. 다음 활동을 통해 우리를 향한 하나님의 사랑에 대해 생각해봅시다.

**Step 1. 사랑 |** 하나님은 태초부터 당신을 끊임없이 사랑하셨습니다. 그분은 우리에게 아름다운 것들을 허락해주셨습니다.

"태초에 하나님이 천지를 창조하시니라 … 하나님이 그들에게 복을 주시며 하나님이 그들에게 이르시되 생육하고 번성하여 땅에 충만하라 땅을 정복하라 바다의 물고기와 하늘의 새와 땅에 움직이는 모든 생물을 다스리라 하시니라"(창 1:1,28).

**Step 2. 죄 |** 그러나 우리는 죄를 지었고, 그 죄는 하나님과 우리의 아름다운 사랑의 관계를 깨뜨려 버렸습니다.

"모든 사람이 죄를 범하였으매 하나님의 영광에 이르지 못하더니"(롬 3:23).

**Step 3. 심판과 영원한 형벌 |** 우리는 여러 방법으로 그 사랑의 관계를 회복하려고 노력했지만 그렇게 할 수 없었습니다.

"예수께서 이르시되 내가 곧 길이요 진리요 생명이니 나로 말미암지 않고는 아버지께로 올 자가 없느니라"(요 14:6).

**Step 4. 예수 그리스도 |** 하나님은 우리를 위해 그분의 아들, 예수 그리스도를 보내셨습니다.

"하나님이 세상을 이처럼 사랑하사 독생자를 주셨으니 이는 그를 믿는 자마다 멸망하지 않고 영생을 얻게 하려 하심이라"(요 3:16).

**Step 5. 영원한 생명 |** 이제 하나님과의 끊어졌던 관계가 그리스도 예수로 인해 회복되었습니다.

"내가 진실로 진실로 너희에게 이르노니 내 말을 듣고 또 나 보내신 이를 믿는 자는 영생을 얻었고 심판에 이르지 아니하나니 사망에서 생명으로 옮겼느니라"(요 5:24).

예수님이 주신 영원한 생명을 얻기 원하시나요?

그렇다면 당신이 죄인임을 인정하고, 용서를 구하며
예수님을 내 삶의 주인으로 모시기를 결정해야 합니다.
결정했다면 마음으로 믿고 입술로 고백함으로 예수님을 영접할 수 있습니다.
주님을 마음에 모시는 순간, 주님은 당신의 참사랑이 되어
당신과 함께해주실 것입니다.

예수님, 저는 죄인입니다.
예수님이 저 때문에 십자가에 죽으시고
다시 사셨음을 믿습니다.
이제 예수님이 제 삶의 주인 되시기를 원하며
예수님의 뜻대로 살기를 원합니다.
주님, 저를 구원해주시고 영원한 생명을 주셔서
감사드립니다.
예수님의 이름으로 기도드립니다. 아멘.

영접하는 자 곧 그 이름을 믿는 자들에게는 하나님의 자녀가 되는 권세를 주셨으니
(요한복음 1:12).

# 02 사람으로 오신 예수님

**성경본문** 요한복음 1:1-5,10-14 ; 빌립보서 2:6-7
**중심구절** 빌립보서 2:6-7

## 드라마 따라잡기

뻔하지만 언제나 재미있는 '가난한 여자와 재벌 2세의 사랑'에 관한 드라마! 이런 드라마에 꼭 있는 '공식'을 떠올려 보고 아래 스토리 보드를 채워보세요.

**스토리 1. 발단**
재벌가의 아들이
가난한 여자와
사랑에 빠진다

**스토리 2. 전개**
양가 부모님의
극심한 반대로
괴로워하는 두 사람

**스토리 3. 위기**
온갖 오해와 질망으로
헤어지기를
결심하는 여자

**스토리 4. 절정**

**스토리 5. 결말**
결국 부모는 모든 것을
용서하고 아들과
여자의 사랑을 인정!
해피엔딩!!

이 남자가 사랑을 얻기 위해 했던 일은 무엇이었을까요?

## 사람이 되심

요한복음 1:1-5,10-14

1 태초에 말씀이 계시니라 이 말씀이 하나님과 함께 계셨으니 이 말씀은 곧 하나
님이시니라
2 그가 태초에 하나님과 함께 계셨고
3 만물이 그로 말미암아 지은 바 되었으니 지은 것이 하나도 그가 없이는 된 것
이 없느니라
4 그 안에 생명이 있었으니 이 생명은 사람들의 빛이라
5 빛이 어둠에 비치되 어둠이 깨닫지 못하더라
10 그가 세상에 계셨으며 세상은 그로 말미암아 지은 바 되었으되 세상이 그를
알지 못하였고
11 자기 땅에 오매 자기 백성이 영접하지 아니하였으나
12 영접하는 자 곧 그 이름을 믿는 자들에게는 하나님의 자녀가 되는 권세를 주
셨으니
13 이는 혈통으로나 육정으로나 사람의 뜻으로 나지 아니하고 오직 하나님께로
부터 난 자들이니라
14 말씀이 육신이 되어 우리 가운데 거하시매 우리가 그의 영광을 보니 아버지의
독생자의 영광이요 은혜와 진리가 충만하더라

빌립보서 2:6-7

6 그는 근본 하나님의 본체시나 하나님과 동등 됨을 취할 것으로 여기지 아니하
시고
7 오히려 자기를 비워 종의 형체를 가지사 사람들과 같이 되셨고

1. 인간이 되신 예수님은 본래 누구시며, 무슨 일을 하셨나요?(요 1:1-3 ; 빌 2:6)

2. 예수님이 인간이 되셨을 때 포기한 것은 무엇인가요?(빌 2:6)

3. 예수님이 사람이 되셨을 때, 사람들은 어떤 반응을 보였는지 다음 그림에서 골라보세요(요 1:11).

4. 그럼에도 불구하고 예수님이 사람이 되신 이유는 무엇인가요?(요 1:12)

5. '사람이 되신 예수님'을 통해 당신이 깨닫게 된 사실이나 의미를 함께 나눠보세요.

## 원망

사람들이 하나님을 원망하고 있군요. 어떻게 그러실 수 있느냐며 서로 자기의 사연을 이야기합니다.

그러다가 갑자기 침묵이 흘렀습니다. 침묵 가운데 누군가가 이렇게 말했기 때문입니다.

**"그거… 혹시 이미 주님께서 다 겪으신 일들 아닌가요?"**

우리에게 있는 대제사장은 우리의 연약함을 동정하지 못하실 이가 아니요 모든 일에 우리와 똑같이 시험을 받으신 이로되 죄는 없으시니라(히브리서 4:15).

# 03 죄인의 친구

성경본문 마가복음 1:14-20, 2:13-17
중심구절 마가복음 2:17

## 생일파티

원하는 사람 누구라도 생일파티에 초대할 수 있다면, 당신은 누구를 초대하겠습니까? 여기 초청장에 이름을 써보세요(단, 5명만 쓸 수 있습니다).

> **초청장**
>
> 사랑하는 ________ 귀하
>
> 돌아오는 00월 00은 제가 태어난 행복한 날입니다.
> 이날 저는 매우 즐거운 파티를 열고자 합니다.
> 특별한 날 특별한 시간을 갖고 싶어서 제게는 너무나 특별하고
> 소중한 당신을 초대합니다. 함께 그 시간을 빛내주십시오.
>
> 월 일 드림

명단 ________, ________, ________, ________, ________,

이들은 어떤 사람들입니까?
그렇다면, 예수님은 어떤 사람들을 자신의 식탁에 초대하셨을까요?

## 예수님의 특별한 선택

마가복음 1:14-20

14 요한이 잡힌 후 예수께서 갈릴리에 오셔서 하나님의 복음을 전파하여
15 이르시되 때가 찼고 하나님의 나라가 가까이 왔으니 회개하고 복음을 믿으라
하시더라
16 갈릴리 해변으로 지나가시다가 시몬과 그 형제 안드레가 바다에 그물 던지는
것을 보시니 그들은 어부라
17 예수께서 이르시되 나를 따라오라 내가 너희로 사람을 낚는 어부가 되게 하리
라 하시니
18 곧 그물을 버려 두고 따르니라
19 조금 더 가시다가 세베대의 아들 야고보와 그 형제 요한을 보시니 그들도 배
에 있어 그물을 깁는데
20 곧 부르시니 그 아버지 세베대를 품꾼들과 함께 배에 버려두고 예수를 따라가
니라

마가복음 2:13-17

13 예수께서 다시 바닷가에 나가시매 큰 무리가 나왔거늘 예수께서 그들을 가르
치시니라
14 또 지나가시다가 알패오의 아들 레위가 세관에 앉아 있는 것을 보시고 그에게
이르시되 나를 따르라 하시니 일어나 따르니라
15 그의 집에 앉아 잡수실 때에 많은 세리와 죄인들이 예수와 그의 제자들과 함
께 앉았으니 이는 그러한 사람들이 많이 있어서 예수를 따름이러라
16 바리새인의 서기관들이 예수께서 죄인 및 세리들과 함께 잡수시는 것을 보고
그의 제자들에게 이르되 어찌하여 세리 및 죄인들과 함께 먹는가
17 예수께서 들으시고 그들에게 이르시되 건강한 자에게는 의사가 쓸 데 없고 병
든 자에게라야 쓸 데 있느니라 나는 의인을 부르러 온 것이 아니요 죄인을 부
르러 왔노라 하시니라

1. 예수님이 제자로 삼은 사람들의 직업은 무엇인가요?(막 1:16, 2:14)

2. 예수님은 이 땅에 오신 목적이 무엇이었나요?(막 1:15, 2:17)

3. 예수님이 세리와 죄인들의 친구가 되신 이유는 무엇일까요?(막 2:17)

4. 만약 예수님이 이곳에 오셨다면 어떤 사람들의 친구가 되기를 원하실까요?

## 의사 선생님, 저 사람 좀 보세요

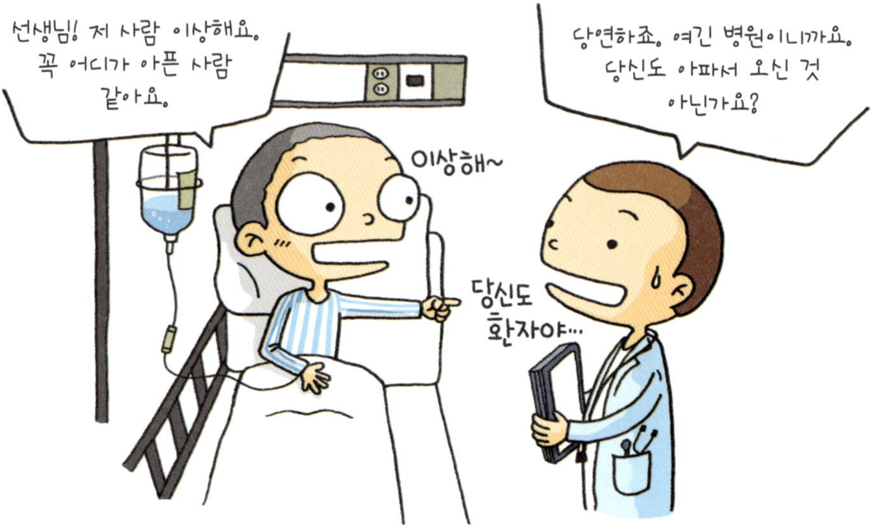


혹시 당신도, 다른 사람의 잘못을 보고 지적하고 험담하는 사람은 아닌가요?
병원에 환자들이 가득한 것을 이상하게 여기면서
다른 사람의 온전치 못함을 비판하고 있지는 않나요?
교회 안에 있는 사람은 모두, 주님이 불러주신 죄인입니다.
의사 선생님은 우리와 함께 믿음의 길을 걷고 있는 지체들이 아니라
주님 한 분이십니다.

우리는 모두 주님의 은혜로만 구원받는 환자들일 뿐입니다.

# 04 선한 목자

**성경본문** 에스겔 34:11-16 ; 요한복음 10:11-15
**중심구절** 요한복음 10:14-15

## 양들의 반란

긴급 횡당 속보입니다. 일부 급진적인 양들이 '양치기 파면'을 요구하며 시위를 벌이고 있습니다. 당신이 이 일을 해결해야 한다면 양치기가 있을 때의 좋은 점과 문제점을 객관적으로 예상해보고 가장 좋은 해결책을 제시해 보세요.

양치기가 파면되었을 때의 좋은 점?

- 
- 
- 
- 

양치기가 파면되었을 때의 문제점?

- 
- 
- 
- 

나의 해결책은? ______________________________

______________________________

## 선한 목자

에스겔 34:11-16

11 주 여호와께서 이같이 말씀하셨느니라 나 곧 내가 내 양을 찾고 찾되
12 목자가 양 가운데에 있는 날에 양이 흩어졌으면 그 떼를 찾는 것같이 내가 내 양을 찾아서 흐리고 캄캄한 날에 그 흩어진 모든 곳에서 그것들을 건져낼지라
13 내가 그것들을 만민 가운데에서 끌어내며 여러 백성 가운데에서 모아 그 본토로 데리고 가서 이스라엘 산 위에와 시냇가에와 그 땅 모든 거주지에서 먹이되
14 좋은 꼴을 먹이고 그 우리를 이스라엘 높은 산에 두리니 그것들이 그곳에 있는 좋은 우리에 누워 있으며 이스라엘 산에서 살진 꼴을 먹으리라
15 내가 친히 내 양의 목자가 되어 그것들을 누워 있게 할지라 주 여호와의 말씀이니라
16 그 잃어버린 자를 내가 찾으며 쫓기는 자를 내가 돌아오게 하며 상한 자를 내가 싸매 주며 병든 자를 내가 강하게 하려니와 살진 자와 강한 자는 내가 없애고 정의대로 그것들을 먹이리라

요한복음 10:11-15

11 나는 선한 목자라 선한 목자는 양들을 위하여 목숨을 버리거니와
12 삯꾼은 목자가 아니요 양도 제 양이 아니라 이리가 오는 것을 보면 양을 버리고 달아나나니 이리가 양을 물어 가고 또 헤치느니라
13 달아나는 것은 그가 삯꾼인 까닭에 양을 돌보지 아니함이나
14 나는 선한 목자라 나는 내 양을 알고 양도 나를 아는 것이
15 아버지께서 나를 아시고 내가 아버지를 아는 것 같으니 나는 양을 위하여 목숨을 버리노라

1. 본문은 하나님과 이스라엘 백성을 각각 무엇으로 비유했나요?

2. 에스겔 34장에서 하나님은 어떤 목자를 보내주시겠다고 말씀하셨나요? 그림에 맞는 말씀의 절을 찾아 쓰고 본문에 밑줄을 그어보세요.

에스겔 34장 절

에스겔 34장 절

에스겔 34장 절

3. 요한복음에서 예수님은 자신이 어떤 목자라고 말씀하시나요?(요 10:11)

4. 우리는 왜 선한 목자이신 주님 안에 거해야 할까요?

## 풍성한 삶을 주시기 위해

여기 풍성한 삶을 꿈꾸는 다양한 사람들이 있습니다. 이들이 하는 일과 그 보상에 대해 대답해보세요.

| | 하는 일 | 일시적인 보상 | 영원한 보상 |
|---|---|---|---|
|  유명한 박사 | 한 가지 분야를 깊이 있게 연구하고 가르친다 | 명예와 연구 업적을 얻는다 | 박사 명단에 이름이 남아 있다 |
|  연예인 나잘난 | | | |
|  대기업 CEO 왕사장 | | | |
|  국회의원 이나라 | | | |

그렇다면 어떤 삶이 진짜 풍성한 삶일까요?

# 05 십자가를 지심

성경본문 요한복음 19:15-30
중심구절 요한복음 19:30

## 마지막 한마디

누구나 죽음을 맞이합니다. 죽음을 앞둔 사람은 누구라도 자신의 삶을 안타까워합니다. 심지어 유명한 사람들조차도 말입니다.

예수님의 마지막 말씀은… "다 이루었다."

## 십자가 사건의 현장 속으로

요한복음 19:15-30

15 그들이 소리 지르되 없이 하소서 없이 하소서 그를 십자가에 못 박게 하소서 빌라
도가 이르되 내가 너희 왕을 십자가에 못 박으랴 대제사장들이 대답하되 가이사
외에는 우리에게 왕이 없나이다 하니
16 이에 예수를 십자가에 못 박도록 그들에게 넘겨 주니라
17 그들이 예수를 맡으매 예수께서 자기의 십자가를 지시고 해골(히브리 말로 골고
다)이라 하는 곳에 나가시니
18 그들이 거기서 예수를 십자가에 못 박을새 다른 두 사람도 그와 함께 좌우편에 못
박으니 예수는 가운데 있더라
19 빌라도가 패를 써서 십자가 위에 붙이니 나사렛 예수 유대인의 왕이라 기록되었더라
20 예수께서 못 박히신 곳이 성에서 가까운 고로 많은 유대인이 이 패를 읽는데 히브
리와 로마와 헬라 말로 기록되었더라
21 유대인의 대제사장들이 빌라도에게 이르되 유대인의 왕이라 쓰지 말고 자칭 유대
인의 왕이라 쓰라 하니
22 빌라도가 대답하되 내가 쓸 것을 썼다 하니라
23 군인들이 예수를 십자가에 못 박고 그의 옷을 취하여 네 깃에 나눠 각각 한 깃씩
얻고 속옷도 취하니 이 속옷은 호지 아니하고 위에서부터 통으로 짠 것이라
24 군인들이 서로 말하되 이것을 찢지 말고 누가 얻나 제비 뽑자 하니 이는 성경에
그들이 내 옷을 나누고 내 옷을 제비 뽑나이다 한 것을 응하게 하려 함이러라 군인
들은 이런 일을 하고
25 예수의 십자가 곁에는 그 어머니와 이모와 글로바의 아내 마리아와 막달라 마리아
가 섰는지라
26 예수께서 자기의 어머니와 사랑하시는 제자가 곁에 서 있는 것을 보시고 자기 어
머니께 말씀하시되 여자여 보소서 아들이니이다 하시고
27 또 그 제자에게 이르시되 보라 네 어머니라 하신대 그 때부터 그 제자가 자기 집
에 모시니라
28 그 후에 예수께서 모든 일이 이미 이루어진 줄 아시고 성경을 응하게 하려 하사
이르시되 내가 목마르다 하시니
29 거기 신 포도주가 가득히 담긴 그릇이 있는지라 사람들이 신 포도주를 적신 해면
을 우슬초에 매어 예수의 입에 대니
30 예수께서 신 포도주를 받으신 후에 이르시되 다 이루었다 하시고 머리를 숙이니
영혼이 떠나가시니라

1. 십자가에 못 박히신 주님의 여정을 따라가 봅시다. 어떤 일이 일어났나요?

빌라도의 재판장에서

요 19:15

골고다 언덕에서

요 19:17-18

요 19:19-22

십자가 위에서

요 19:23-24

요 19:25-27

요 19:30

2. 예수님이 십자가를 지시며 당하신 고통은 어떤 것들인가요?

육체적 고통 :

마음의 고통 :

3. 예수님이 운명하시면서 "다 이루었다"고 하신 말씀은 무슨 의미인가요?

## 십자가는 희생입니다

예수님의 십자가는 우리가 가진 십자가 목걸이처럼
로맨틱한 것이 아니었습니다.
그것은 희생이었습니다.
그리고 사랑이었습니다.
그리고 말로 다할 수 없을 만큼 힘들고 어려운 길이었습니다.
만약 그분이 다른 두 명의 강도처럼 죄를 지으셨거나
처형을 면할 수 없는 분이었다면,
그것은 오히려 쉬운 일이었을 수도 있습니다.
그러나 주님은 하나님이셨습니다.
모든 기적을 행하신 하나님의 아들은,
십자가에서 당장 내려오실 수 있는데도 불구하고
그렇게 하지 않으셨습니다.
할 수 있는데도 하지 않으신 것입니다.

그것이 우리 주님의 사랑이고, 마음이었습니다.

# 06 살아나신 그리스도

성경본문 요한복음 20:1-29 ; 고린도전서 15:3-8
중심구절 고린도전서 15:3-8

## 탐정놀이

유명한 명탐정인 당신, 다음 정황들을 보고 미궁에 빠진 사건을 해결해봅시다.

: 사건파일

장소 : 빈무덤 앞
사건개요 : 삼일 전 십자가처형을 당한 후 돌무덤에 안치된 예수의 시신이 감쪽같이 사라짐.

정황 1.
예수의 시체가 없어졌다.

정황 2.
제자들은 예수가 살아났다고 주장한다.

정황 3.
바리새인측은 분명 누군가가 예수의 시체를 훔쳐갔다고 주장한다.

정황 4.
무덤 문의 무게는 약 1톤 가량으로 옮기려면 장정 4명 이상의 힘이 필요하다.

정황 5.
첫 발견자는 여인 한 사람이었다.

정황 6.
시신이 증발해버린 것처럼 시신을 쌌던 옷과 머리수건은 무덤 속에 얌전히 놓여 있었다.

정황 7.
보초들은 그때 자리에 없었다.

거짓말을 하고 있는 사람은 누구일까요?
당신이 생각하는 사건의 진실은?

## 부활의 증거

요한복음 20:1-29

1 안식 후 첫날 일찍이 아직 어두울 때에 막달라 마리
아가 무덤에 와서 돌이 무덤에서 옮겨진 것을 보고
2 시몬 베드로와 예수께서 사랑하시던 그 다른 제자에
게 달려가서 말하되 사람들이 주님을 무덤에서 가
져다가 어디 두었는지 우리가 알지 못하겠다 하니
3 베드로와 그 다른 제자가 나가서 무덤으로 갈새
4 둘이 같이 달음질하더니 그 다른 제자가 베드로보
다 더 빨리 달려가서 먼저 무덤에 이르러
5 구부려 세마포 놓인 것을 보았으나 들어가지는 아
니하였더니
6 시몬 베드로는 따라와서 무덤에 들어가 보니 세마
포가 놓였고
7 또 머리를 쌌던 수건은 세마포와 함께 놓이지 않
고 딴 곳에 쌌던 대로 놓여 있더라
8 그 때에야 무덤에 먼저 갔던 그 다른 제자도 들어
가 보고 믿더라
9 (그들은 성경에 그가 죽은 자 가운데서 다시 살아나
야 하리라 하신 말씀을 아직 알지 못하더라)
10 이에 두 제자가 자기들의 집으로 돌아가니라
11 마리아는 무덤 밖에 서서 울고 있더니 울면서 구
부려 무덤 안을 들여다보니
12 흰 옷 입은 두 천사가 예수의 시체 뉘었던 곳에 하
나는 머리 편에, 하나는 발 편에 앉았더라
13 천사들이 이르되 여자여 어찌하여 우느냐 이르
되 사람들이 내 주님을 옮겨다가 어디 두었는지
내가 알지 못함이니이다
14 이 말을 하고 뒤로 돌이켜 예수께서 서 계신 것
을 보았으나 예수이신 줄은 알지 못하더라
15 예수께서 이르시되 여자여 어찌하여 울며 누구를
찾느냐 하시니 마리아는 그가 동산지기인 줄 알고
이르되 주여 당신이 옮겼거든 어디 두었는지 내게
이르소서 그리하면 내가 가져가리이다
16 예수께서 마리아야 하시거늘 마리아가 돌이켜 히
브리 말로 랍오니 하니(이는 선생님이라는 말이라)
17 예수께서 이르시되 나를 붙들지 말라 내가 아직
아버지께로 올라가지 아니하였노라 너는 내 형제
들에게 가서 이르되 내가 내 아버지 곧 너희 아버
지, 내 하나님 곧 너희 하나님께로 올라간다 하라
하시니
18 막달라 마리아가 가서 제자들에게 내가 주를 보
았다 하고 또 주께서 자기에게 이렇게 말씀하셨
다 이르니라
19 이 날 곧 안식 후 첫날 저녁 때에 제자들이 유대
인들을 두려워하여 모인 곳의 문들을 닫았더니
예수께서 오사 가운데 서서 이르시되 너희에게
평강이 있을지어다
20 이 말씀을 하시고 손과 옆구리를 보이시니 제자
들이 주를 보고 기뻐하더라
21 예수께서 또 이르시되 너희에게 평강이 있을지
어다 아버지께서 나를 보내신 것같이 나도 너희
를 보내노라
22 이 말씀을 하시고 그들을 향하사 숨을 내쉬며 이
르시되 성령을 받으라
23 너희가 누구의 죄든지 사하면 사하여질 것이요 누구
의 죄든지 그대로 두면 그대로 있으리라 하시니라
24 열두 제자 중의 하나로서 디두모라 불리는 도마
는 예수께서 오셨을 때에 함께 있지 아니한지라
25 다른 제자들이 그에게 이르되 우리가 주를 보았
노라 하니 도마가 이르되 내가 그의 손의 못 자국
을 보며 내 손가락을 그 못 자국에 넣으며 내 손
을 그 옆구리에 넣어 보지 않고는 믿지 아니하겠
노라 하니라
26 여드레를 지나서 제자들이 다시 집 안에 있을 때
에 도마도 함께 있고 문들이 닫혔는데 예수께서
오사 가운데 서서 이르시되 너희에게 평강이 있
을지어다 하시고
27 도마에게 이르시되 네 손가락을 이리 내밀어 내 손
을 보고 네 손을 내밀어 내 옆구리에 넣어 보라 그
리하여 믿음 없는 자가 되지 말고 믿는 자가 되라
28 도마가 대답하여 이르되 나의 주님이시요 나의
하나님이시니이다
29 예수께서 이르시되 너는 나를 본 고로 믿느냐 보지
못하고 믿는 자들은 복되도다 하시니라

고린도후서 15:3-8

3 내가 받은 것을 먼저 너희에게 전하였노니 이는 성
경대로 그리스도께서 우리 죄를 위하여 죽으시고
4 장사 지낸 바 되셨다가 성경대로 사흘 만에 다시
살아나사
5 게바에게 보이시고 후에 열두 제자에게와
6 그 후에 오백여 형제에게 일시에 보이셨나니 그
중에 지금까지 대다수는 살아 있고 어떤 사람은
잠들었으며
7 그 후에 야고보에게 보이셨으며 그 후에 모든 사
도에게와
8 맨 나중에 만삭되지 못하여 난 자 같은 내게도 보
이셨느니라

1. 본문에서 예수님이 부활하셨다는 증거를 찾아보세요(요 20:1-29).

2. 본문에서 부활 사건을 경험한 사람들의 반응에 대해 써보세요.

| | 부활 경험 전 반응 | 부활을 경험한 후의 반응 |
|---|---|---|
|  마리아 | | |
|  베드로 | | |
|  도마 | | |

3. 부활의 증언을 듣고, 나는 부활에 대해 어떻게 생각하는지 나눠보세요.

## 부활 신앙

도마는 예수님이 부활하셨다는 제자들의 증거를 믿지 못하고
자신이 직접 보고 만져봐야 믿겠다고 했습니다.
이런 도마 앞에 부활하신 예수님이 나타나셨고 도마는 눈으로 목격한 후에야
비로소 예수님의 부활을 믿었을 뿐 아니라
"나의 주님이시며, 나의 하나님이시다"라고 고백합니다.
그러나 주님은 보지 않고 믿는 자들이 복되다고 말씀하십니다.
오늘날 우리는 보지 않고도 예수님의 부활을 믿고,
예수님을 나의 주님이시며 나의 하나님이시라고 고백하고 있습니까?

당신 부활 신앙에 체크해보세요.

- ☐ 1. 부활은 사실이다.
- ☐ 2. 예수님이 부활하셔서 지금 내 곁에 계시다.
- ☐ 3. 나는 부활을 믿기에 죽는 것도 두렵지 않다.
- ☐ 4. 나는 부활에 대한 확신이 있기에 이 사실을 친구들에게 전할 수 있다.
- ☐ 5. 부활하신 주님이 다시 오실 것을 믿는다.

# 07 마라나타

**성경본문** 사도행전 1:9-11 ; 데살로니가전서 5:1-2,5-8
데살로니가후서 1:7-12
**중심구절** 사도행전 1:11

## 기다림에 대처하는 우리의 자세

새로운 학년이 된 당신, 그런데 갑작스럽게 치른 쪽지 시험 점수를 성적에 반영하기로 악명 높은 영어 선생님을 만났습니다. 어떻게 해야 무사히 일 년을 보낼 수 있을까요? 나만의 비법을 적어 봅시다.

비법 1. ______________________

비법 2. ______________________

비법 3. ______________________

비법 4. ______________________

이 방법대로라면 언제 시험을 보더라도 무사할 수 있겠군요.
그렇다면 갑자기 일어나게 될 이런 일에도 대처할 수 있을까요?

## 다시 오심에 대한 약속

### 사도행전 1:9-11

9 이 말씀을 마치시고 그들이 보는데 올려져 가시니 구름이 그를 가리어 보이지
않게 하더라
10 올라가실 때에 제자들이 자세히 하늘을 쳐다보고 있는데 흰 옷 입은 두 사람
이 그들 곁에 서서
11 이르되 갈릴리 사람들아 어찌하여 서서 하늘을 쳐다보느냐 너희 가운데서 하
늘로 올려지신 이 예수는 하늘로 가심을 본 그대로 오시리라 하였느니라

### 데살로니가전서 5:1-2,5-8

1 형제들아 때와 시기에 관하여는 너희에게 쓸 것이 없음은
2 주의 날이 밤에 도둑같이 이를 줄을 너희 자신이 자세히 알기 때문이라
5 너희는 다 빛의 아들이요 낮의 아들이라 우리가 밤이나 어둠에 속하지 아니하나니
6 그러므로 우리는 다른 이들과 같이 자지 말고 오직 깨어 정신을 차릴지라
7 자는 자들은 밤에 자고 취하는 자들은 밤에 취하되
8 우리는 낮에 속하였으니 정신을 차리고 믿음과 사랑의 호심경을 붙이고 구원
의 소망의 투구를 쓰자

### 데살로니가후서 1:7-12

7 환난을 받는 너희에게는 우리와 함께 안식으로 갚으시는 것이 하나님의 공의
시니 주 예수께서 자기의 능력의 천사들과 함께 하늘로부터 불꽃 가운데에 나
타나실 때에
8 하나님을 모르는 자들과 우리 주 예수의 복음에 복종하지 않는 자들에게 형벌
을 내리시리니
9 이런 자들은 주의 얼굴과 그의 힘의 영광을 떠나 영원한 멸망의 형벌을 받으리
로다
10 그 날에 그가 강림하사 그의 성도들에게서 영광을 받으시고 모든 믿는 자들에
게서 놀랍게 여김을 얻으시리니 이는 (우리의 증거가 너희에게 믿어졌음이라)
11 이러므로 우리도 항상 너희를 위하여 기도함은 우리 하나님이 너희를 그 부르
심에 합당한 자로 여기시고 모든 선을 기뻐함과 믿음의 역사를 능력으로 이루
게 하시고
12 우리 하나님과 주 예수 그리스도의 은혜대로 우리 주 예수의 이름이 너희 가
운데서 영광을 받으시고 너희도 그 안에서 영광을 받게 하려 함이라

1. 승천하시는 예수님을 바라보던 제자들에게 천사들은 어떤 약속을 했나요?(행 1:11)

2. 예수님이 다시 오시는 시기는 언제인가요?(살전 5:1-2)

3. 바울은 우리에게 어떤 모습으로 주님을 기다리라고 했나요?(살전 5:5-8)

4. 예수님이 다시 오실 때 어떤 일들이 일어날까요?(살후 1:7-12)

7절

8절

10절

7절

12절

## 지금 우리에게 필요한 건 뭐?

예수님은 승천하시면서
우리에게 "다시 오겠다"라고 약속하셨지요.
그렇다면, 주님의 다시 오심에 대비하는
우리에게 필요한 건 무엇일까요?
당신이 생각하는 올바른 방법에 체크해봅시다.

- ☐ 세상 끝이 왔으니 떵까떵까 놀면서 죽음을 기다린다.
- ☐ 마지막은 무슨 마지막? 그런 말 믿지 않고 나의 성공만을 위해 주변에 신경 쓰지 않고 살아간다.
- ☐ 모든 재산을 팔아 교회의 발아래 두고, 교회에서 숙식을 해결하며 주님 오시기를 기다린다.
- ☐ 하나님이 곧 오실 것을 생각하여 깨어 기도하고, 복음이 전 세계에 전파되도록 열심히 노력하며 살아간다.

"모두가 정답을 알고 있지만, 실천에 옮기는 일은 쉬운 일이 아닙니다."

볼지어다 그가 구름을 타고 오시리라 각 사람의 눈이 그를 보겠고
그를 찌른 자들도 볼 것이요 땅에 있는 모든 족속이 그로 말미암아 애곡하리니
그러하리라 아멘(요한계시록 1:7).

# 08 성령의 열매

성경본문 갈라디아서 5:22-26 ; 요한복음 15:1-8
중심구절 갈라디아서 5:22-23

## 말이 안 되는 이야기

2층집에 살고 있던 어린 두 소년이 있었습니다. 그들은 아버지의 허락 없이 수영장에 가기 위해 종종 2층 창문으로 뻗어 있는 과일나무 가지를 타고 아래로 내려가곤 했습니다. 일종의 비밀출구였던 것이지요.

그러던 어느 날 소년들은 "죽은 나무를 이대로 둘 필요가 없지! 당장 베어버려야겠군!" 하고 중얼거리는 아버지의 목소리를 듣게 되었습니다. 나무가 없어지면 더 이상 비밀출구도 없어질 것을 염려한 소년들은 재빨리 가짜 사과를 사서 죽은 나뭇가지에 매달아 놓았습니다. 다음 날 아침, 아버지는 깜짝 놀라며 이렇게 말했습니다.

"죽은 배나무에 어떻게 사과가 열렸지?"

두 소년이 간과했던 진리 세 가지는 무엇이었을까요?

첫 번째 진리 : ______________________

두 번째 진리 : ______________________

세 번째 진리 : ______________________

## 성령의 사람이라면

갈라디아서 5:22-26

22 오직 성령의 열매는 사랑과 희락과 화평과 오래 참음과 자비와 양선과 충성과
23 온유와 절제니 이 같은 것을 금지할 법이 없느니라
24 그리스도 예수의 사람들은 육체와 함께 그 정욕과 탐심을 십자가에 못 박았느니라
25 만일 우리가 성령으로 살면 또한 성령으로 행할지니
26 헛된 영광을 구하여 서로 노엽게 하거나 서로 투기하지 말지니라

요한복음 15:1-8

1 나는 참포도나무요 내 아버지는 농부라
2 무릇 내게 붙어 있어 열매를 맺지 아니하는 가지는 아버지께서 그것을 제거해 버리시고 무릇 열매를 맺는 가지는 더 열매를 맺게 하려 하여 그것을 깨끗하게 하시느니라
3 너희는 내가 일러준 말로 이미 깨끗하여졌으니
4 내 안에 거하라 나도 너희 안에 거하리라 가지가 포도나무에 붙어 있지 아니하면 스스로 열매를 맺을 수 없음같이 너희도 내 안에 있지 아니하면 그러하리라
5 나는 포도나무요 너희는 가지라 그가 내 안에, 내가 그 안에 거하면 사람이 열매를 많이 맺나니 나를 떠나서는 너희가 아무것도 할 수 없음이라
6 사람이 내 안에 거하지 아니하면 가지처럼 밖에 버려져 마르나니 사람들이 그것을 모아다가 불에 던져 사르느니라
7 너희가 내 안에 거하고 내 말이 너희 안에 거하면 무엇이든지 원하는 대로 구하라 그리하면 이루리라
8 너희가 열매를 많이 맺으면 내 아버지께서 영광을 받으실 것이요 너희는 내 제자가 되리라

1. 성령 받은 사람들로서 우리는 어떤 열매를 맺어야 하나요?(갈 5:22,25)

2. 성령의 열매 9가지를 채워보세요(22–23절).

3. 요한복음의 포도나무 비유에서 각각이 의미하는 바는 무엇인가요?(요 15:1–8)

참포도나무 :

농부 :

가지 :

열매 :

4. 우리가 성령의 열매를 잘 맺기 위한 방법은 무엇일까요?(요 15:4)

## 성령의 열매 맺는 삶

다음은 바울이 말하는 성령의 열매와 육체의 소욕입니다. 나의 삶은 성령의 열매와 육체의 소욕 어디쯤에 있는지 체크해봅시다.

←··· 0 ···→

| 성령의 열매 | 육체의 소욕 |
| --- | --- |
| 사랑(Love) | 증오, 투기 |
| 희락(Joy) | 염려, 고통 |
| 화평(Peace) | 원수 맺는 것, 분쟁 |
| 인내(Patience) | 경솔 |
| 자비(Kindness) | 무관심, 냉담 |
| 양선(Goodness) | 불친절 |
| 충성(Faithfulness) | 배신 |
| 온유(Gentleness) | 포악 |
| 절제(Selfcontrol) | 방탕함 |

아무리 기다려도 열매 맺지 않는 나무라면, 농부에게는 큰 실망이 아닐 수 없습니다. 당신은 열매를 맺는 나무입니까?

## 날마다 말씀먹기

| 창 세 기 | 1 | 2 | 3 | 4 | 5 | 6 | 7 | 8 | 9 | 10 | 11 | 12 | 13 | 14 | 15 | 16 | 17 | 18 | 19 | 20 | 21 | 22 | 23 | 24 | 25 |
|---|---|---|---|---|---|---|---|---|---|---|---|---|---|---|---|---|---|---|---|---|---|---|---|---|---|
| | 26 | 27 | 28 | 29 | 30 | 31 | 32 | 33 | 34 | 35 | 36 | 37 | 38 | 39 | 40 | 41 | 42 | 43 | 44 | 45 | 46 | 47 | 48 | 49 | 50 |
| 출애굽기 | 1 | 2 | 3 | 4 | 5 | 6 | 7 | 8 | 9 | 10 | 11 | 12 | 13 | 14 | 15 | 16 | 17 | 18 | 19 | 20 | 21 | 22 | 23 | 24 | 25 |
| | 26 | 27 | 28 | 29 | 30 | 31 | 32 | 33 | 34 | 35 | 36 | 37 | 38 | 39 | 40 | | | | | | | | | | |
| 레 위 기 | 1 | 2 | 3 | 4 | 5 | 6 | 7 | 8 | 9 | 10 | 11 | 12 | 13 | 14 | 15 | 16 | 17 | 18 | 19 | 20 | 21 | 22 | 23 | 24 | 25 |
| | 26 | 27 | | | | | | | | | | | | | | | | | | | | | | | |
| 민 수 기 | 1 | 2 | 3 | 4 | 5 | 6 | 7 | 8 | 9 | 10 | 11 | 12 | 13 | 14 | 15 | 16 | 17 | 18 | 19 | 20 | 21 | 22 | 23 | 24 | 25 |
| | 26 | 27 | 28 | 29 | 30 | 31 | 32 | 33 | 34 | 35 | 36 | | | | | | | | | | | | | | |
| 신 명 기 | 1 | 2 | 3 | 4 | 5 | 6 | 7 | 8 | 9 | 10 | 11 | 12 | 13 | 14 | 15 | 16 | 17 | 18 | 19 | 20 | 21 | 22 | 23 | 24 | 25 |
| | 26 | 27 | 28 | 29 | 30 | 31 | 32 | 33 | 34 | | | | | | | | | | | | | | | | |
| 여호수아 | 1 | 2 | 3 | 4 | 5 | 6 | 7 | 8 | 9 | 10 | 11 | 12 | 13 | 14 | 15 | 16 | 17 | 18 | 19 | 20 | 21 | 22 | 23 | 24 | |
| 사 사 기 | 1 | 2 | 3 | 4 | 5 | 6 | 7 | 8 | 9 | 10 | 11 | 12 | 13 | 14 | 15 | 16 | 17 | 18 | 19 | 20 | 21 | | | | |
| 룻 기 | 1 | 2 | 3 | 4 | | | | | | | | | | | | | | | | | | | | | |
| 사무엘상 | 1 | 2 | 3 | 4 | 5 | 6 | 7 | 8 | 9 | 10 | 11 | 12 | 13 | 14 | 15 | 16 | 17 | 18 | 19 | 20 | 21 | 22 | 23 | 24 | 25 |
| | 26 | 27 | 28 | 29 | 30 | 31 | | | | | | | | | | | | | | | | | | | |
| 사무엘하 | 1 | 2 | 3 | 4 | 5 | 6 | 7 | 8 | 9 | 10 | 11 | 12 | 13 | 14 | 15 | 16 | 17 | 18 | 19 | 20 | 21 | 22 | 23 | 24 | |
| 열왕기상 | 1 | 2 | 3 | 4 | 5 | 6 | 7 | 8 | 9 | 10 | 11 | 12 | 13 | 14 | 15 | 16 | 17 | 18 | 19 | 20 | 21 | 22 | | | |
| 열왕기하 | 1 | 2 | 3 | 4 | 5 | 6 | 7 | 8 | 9 | 10 | 11 | 12 | 13 | 14 | 15 | 16 | 17 | 18 | 19 | 20 | 21 | 22 | 23 | 24 | 25 |
| 역 대 상 | 1 | 2 | 3 | 4 | 5 | 6 | 7 | 8 | 9 | 10 | 11 | 12 | 13 | 14 | 15 | 16 | 17 | 18 | 19 | 20 | 21 | 22 | 23 | 24 | 25 |
| | 26 | 27 | 28 | 29 | | | | | | | | | | | | | | | | | | | | | |
| 역 대 하 | 1 | 2 | 3 | 4 | 5 | 6 | 7 | 8 | 9 | 10 | 11 | 12 | 13 | 14 | 15 | 16 | 17 | 18 | 19 | 20 | 21 | 22 | 23 | 24 | 25 |
| | 26 | 27 | 28 | 29 | 30 | 31 | 32 | 33 | 34 | 35 | 36 | | | | | | | | | | | | | | |
| 에 스 라 | 1 | 2 | 3 | 4 | 5 | 6 | 7 | 8 | 9 | 10 | | | | | | | | | | | | | | | |
| 느헤미야 | 1 | 2 | 3 | 4 | 5 | 6 | 7 | 8 | 9 | 10 | 11 | 12 | 13 | | | | | | | | | | | | |
| 에 스 더 | 1 | 2 | 3 | 4 | 5 | 6 | 7 | 8 | 9 | 10 | | | | | | | | | | | | | | | |
| 욥 기 | 1 | 2 | 3 | 4 | 5 | 6 | 7 | 8 | 9 | 10 | 11 | 12 | 13 | 14 | 15 | 16 | 17 | 18 | 19 | 20 | 21 | 22 | 23 | 24 | 25 |
| | 26 | 27 | 28 | 29 | 30 | 31 | 32 | 33 | 34 | 35 | 36 | 37 | 38 | 39 | 40 | 41 | 42 | | | | | | | | |
| 시 편 | 1 | 2 | 3 | 4 | 5 | 6 | 7 | 8 | 9 | 10 | 11 | 12 | 13 | 14 | 15 | 16 | 17 | 18 | 19 | 20 | 21 | 22 | 23 | 24 | 25 |
| | 26 | 27 | 28 | 29 | 30 | 31 | 32 | 33 | 34 | 35 | 36 | 37 | 38 | 39 | 40 | 41 | 42 | 43 | 44 | 45 | 46 | 47 | 48 | 49 | 50 |
| | 51 | 52 | 53 | 54 | 55 | 56 | 57 | 58 | 59 | 60 | 61 | 62 | 63 | 64 | 65 | 66 | 67 | 68 | 69 | 70 | 71 | 72 | 73 | 74 | 75 |
| | 76 | 77 | 78 | 79 | 80 | 81 | 82 | 83 | 84 | 85 | 86 | 87 | 88 | 89 | 90 | 91 | 92 | 93 | 94 | 95 | 96 | 97 | 98 | 99 | 100 |
| | 101 | 102 | 103 | 104 | 105 | 106 | 107 | 108 | 109 | 110 | 111 | 112 | 113 | 114 | 115 | 116 | 117 | 118 | 119 | 120 | 121 | 122 | 123 | 124 | 125 |
| | 126 | 127 | 128 | 129 | 130 | 131 | 132 | 133 | 134 | 135 | 136 | 137 | 138 | 139 | 140 | 141 | 142 | 143 | 144 | 145 | 146 | 147 | 148 | 149 | 150 |
| 잠 언 | 1 | 2 | 3 | 4 | 5 | 6 | 7 | 8 | 9 | 10 | 11 | 12 | 13 | 14 | 15 | 16 | 17 | 18 | 19 | 20 | 21 | 22 | 23 | 24 | 25 |
| | 26 | 27 | 28 | 29 | 30 | 31 | | | | | | | | | | | | | | | | | | | |
| 전 도 서 | 1 | 2 | 3 | 4 | 5 | 6 | 7 | 8 | 9 | 10 | 11 | 12 | | | | | | | | | | | | | |
| 아 가 | 1 | 2 | 3 | 4 | 5 | 6 | 7 | 8 | | | | | | | | | | | | | | | | | |
| 이 사 야 | 1 | 2 | 3 | 4 | 5 | 6 | 7 | 8 | 9 | 10 | 11 | 12 | 13 | 14 | 15 | 16 | 17 | 18 | 19 | 20 | 21 | 22 | 23 | 24 | 25 |
| | 26 | 27 | 28 | 29 | 30 | 31 | 32 | 33 | 34 | 35 | 36 | 37 | 38 | 39 | 40 | 41 | 42 | 43 | 44 | 45 | 46 | 47 | 48 | 49 | 50 |
| | 51 | 52 | 53 | 54 | 55 | 56 | 57 | 58 | 59 | 60 | 61 | 62 | 63 | 64 | 65 | 66 | | | | | | | | | |
| 예레미야 | 1 | 2 | 3 | 4 | 5 | 6 | 7 | 8 | 9 | 10 | 11 | 12 | 13 | 14 | 15 | 16 | 17 | 18 | 19 | 20 | 21 | 22 | 23 | 24 | 25 |
| | 26 | 27 | 28 | 29 | 30 | 31 | 32 | 33 | 34 | 35 | 36 | 37 | 38 | 39 | 40 | 41 | 42 | 43 | 44 | 45 | 46 | 47 | 48 | 49 | 50 |
| | 51 | 52 | | | | | | | | | | | | | | | | | | | | | | | |
| 예레미야애가 | 1 | 2 | 3 | 4 | 5 | | | | | | | | | | | | | | | | | | | | |
| 에 스 겔 | 1 | 2 | 3 | 4 | 5 | 6 | 7 | 8 | 9 | 10 | 11 | 12 | 13 | 14 | 15 | 16 | 17 | 18 | 19 | 20 | 21 | 22 | 23 | 24 | 25 |
| | 26 | 27 | 28 | 29 | 30 | 31 | 32 | 33 | 34 | 35 | 36 | 37 | 38 | 39 | 40 | 41 | 42 | 43 | 44 | 45 | 46 | 47 | 48 | | |

| 다 니 엘 | 1 | 2 | 3 | 4 | 5 | 6 | 7 | 8 | 9 | 10 | 11 | 12 | | | | | | | | | | | | | |
|---|---|---|---|---|---|---|---|---|---|---|---|---|---|---|---|---|---|---|---|---|---|---|---|---|---|
| 호 세 아 | 1 | 2 | 3 | 4 | 5 | 6 | 7 | 8 | 9 | 10 | 11 | 12 | 13 | 14 | | | | | | | | | | | |
| 요 엘 | 1 | 2 | 3 | | | | | | | | | | | | | | | | | | | | | | |
| 아 모 스 | 1 | 2 | 3 | 4 | 5 | 6 | 7 | 8 | 9 | | | | | | | | | | | | | | | | |
| 오 바 댜 | 1 | | | | | | | | | | | | | | | | | | | | | | | | |
| 요 나 | 1 | 2 | 3 | 4 | | | | | | | | | | | | | | | | | | | | | |
| 미 가 | 1 | 2 | 3 | 4 | 5 | 6 | 7 | | | | | | | | | | | | | | | | | | |
| 나 훔 | 1 | 2 | 3 | | | | | | | | | | | | | | | | | | | | | | |
| 하 박 국 | 1 | 2 | 3 | | | | | | | | | | | | | | | | | | | | | | |
| 스 바 냐 | 1 | 2 | 3 | | | | | | | | | | | | | | | | | | | | | | |
| 학 개 | 1 | 2 | | | | | | | | | | | | | | | | | | | | | | | |
| 스 가 랴 | 1 | 2 | 3 | 4 | 5 | 6 | 7 | 8 | 9 | 10 | 11 | 12 | 13 | 14 | | | | | | | | | | | |
| 말 라 기 | 1 | 2 | 3 | 4 | | | | | | | | | | | | | | | | | | | | | |

| 마태복음 | 1 | 2 | 3 | 4 | 5 | 6 | 7 | 8 | 9 | 10 | 11 | 12 | 13 | 14 | 15 | 16 | 17 | 18 | 19 | 20 | 21 | 22 | 23 | 24 | 25 |
|---|---|---|---|---|---|---|---|---|---|---|---|---|---|---|---|---|---|---|---|---|---|---|---|---|---|
| | 26 | 27 | 28 | | | | | | | | | | | | | | | | | | | | | | |
| 마가복음 | 1 | 2 | 3 | 4 | 5 | 6 | 7 | 8 | 9 | 10 | 11 | 12 | 13 | 14 | 15 | 16 | | | | | | | | | |
| 누가복음 | 1 | 2 | 3 | 4 | 5 | 6 | 7 | 8 | 9 | 10 | 11 | 12 | 13 | 14 | 15 | 16 | 17 | 18 | 19 | 20 | 21 | 22 | 23 | 24 | |
| 요한복음 | 1 | 2 | 3 | 4 | 5 | 6 | 7 | 8 | 9 | 10 | 11 | 12 | 13 | 14 | 15 | 16 | 17 | 18 | 19 | 20 | 21 | | | | |
| 사도행전 | 1 | 2 | 3 | 4 | 5 | 6 | 7 | 8 | 9 | 10 | 11 | 12 | 13 | 14 | 15 | 16 | 17 | 18 | 19 | 20 | 21 | 22 | 23 | 24 | 25 |
| | 26 | 27 | 28 | | | | | | | | | | | | | | | | | | | | | | |
| 로 마 서 | 1 | 2 | 3 | 4 | 5 | 6 | 7 | 8 | 9 | 10 | 11 | 12 | 13 | 14 | 15 | 16 | | | | | | | | | |
| 고린도전서 | 1 | 2 | 3 | 4 | 5 | 6 | 7 | 8 | 9 | 10 | 11 | 12 | 13 | 14 | 15 | 16 | | | | | | | | | |
| 고린도후서 | 1 | 2 | 3 | 4 | 5 | 6 | 7 | 8 | 9 | 10 | 11 | 12 | 13 | | | | | | | | | | | | |
| 갈라디아서 | 1 | 2 | 3 | 4 | 5 | 6 | | | | | | | | | | | | | | | | | | | |
| 에베소서 | 1 | 2 | 3 | 4 | 5 | 6 | | | | | | | | | | | | | | | | | | | |
| 빌립보서 | 1 | 2 | 3 | 4 | | | | | | | | | | | | | | | | | | | | | |
| 골로새서 | 1 | 2 | 3 | 4 | | | | | | | | | | | | | | | | | | | | | |
| 데살로니가전서 | 1 | 2 | 3 | 4 | 5 | | | | | | | | | | | | | | | | | | | | |
| 데살로니가후서 | 1 | 2 | 3 | | | | | | | | | | | | | | | | | | | | | | |
| 디모데전서 | 1 | 2 | 3 | 4 | 5 | 6 | | | | | | | | | | | | | | | | | | | |
| 디모데후서 | 1 | 2 | 3 | 4 | | | | | | | | | | | | | | | | | | | | | |
| 디 도 서 | 1 | 2 | 3 | | | | | | | | | | | | | | | | | | | | | | |
| 빌레몬서 | 1 | | | | | | | | | | | | | | | | | | | | | | | | |
| 히브리서 | 1 | 2 | 3 | 4 | 5 | 6 | 7 | 8 | 9 | 10 | 11 | 12 | 13 | | | | | | | | | | | | |
| 야고보서 | 1 | 2 | 3 | 4 | 5 | | | | | | | | | | | | | | | | | | | | |
| 베드로전서 | 1 | 2 | 3 | 4 | 5 | | | | | | | | | | | | | | | | | | | | |
| 베드로후서 | 1 | 2 | 3 | | | | | | | | | | | | | | | | | | | | | | |
| 요한일서 | 1 | 2 | 3 | 4 | 5 | | | | | | | | | | | | | | | | | | | | |
| 요한이서 | 1 | | | | | | | | | | | | | | | | | | | | | | | | |
| 요한삼서 | 1 | | | | | | | | | | | | | | | | | | | | | | | | |
| 유 다 서 | 1 | | | | | | | | | | | | | | | | | | | | | | | | |
| 요한계시록 | 1 | 2 | 3 | 4 | 5 | 6 | 7 | 8 | 9 | 10 | 11 | 12 | 13 | 14 | 15 | 16 | 17 | 18 | 19 | 20 | 21 | 22 | | | |

## 토틴만의 특별한 커리큘럼

◆ 전체 구성

| 제목 | | 내용 |
|---|---|---|
| 새 친구를 위한 복음의 핵심 | | 교회에 처음 나온 새 친구들을 위한 교재로 신앙의 기초를 든든히 다지는 내용입니다. |
| 신구약을 꿰뚫는 한눈에 보는 성경 | | 신구약 파노라마로 구약은 시대와 등장인물을, 신약은 예수님과 초대교회를 중심으로 한 내용입니다. |
| 1권 (1–4월) | 하나님 안에서의 나의 신분 | 하나님 안에서 나를 발견하고 새롭게 변화되기, 그리고 사순절과 부활절에 대해 배웁니다. |
| 2권 (5–8월) | 거듭남, 그 이후 | 성경의 인물들과 예수님의 비유를 통해 거듭난 자로서 어떻게 살아가야 하는지에 대해 배웁니다. |
| 3권 (9–12월) | 비유로 배우는 하나님 나라 | 비유를 통해 하나님 나라를 배우고 소망하는 삶, 청소년들의 고민과 올바른 세계관 확립, 성탄절의 참 의미를 회복하는 내용으로 구성됩니다. |
| 4권 (1–4월) | 나는 예배자 | 예배가 무엇이며 예배자로 부름받은 나에 대해 배우고, 요한복음을 중심으로 한 사순절과 부활 절기를 다룹니다. |
| 5권 (5–8월) | 그리스도인의 관계형성 | 가정과 친구관계에서 그리스도인으로서의 정체성을 가지며, 성경 속 믿음의 인물들에 대해 배우고 나의 삶에 적용해봅니다. |
| 6권 (9–12월) | 어려운 질문 | 그리스도인으로 갖게 되는 어려운 질문들을 함께 생각해보고, 후반부에는 대림절과 크리스마스를 위한 내용을 배웁니다. |
| 7권 (1–4월) | 하나님과 친밀함 누리기 | 일상생활에서 하나님과 친밀함을 누리는 영적 훈련에 대해 배우며, 약속을 성취하시는 예수님을 중심으로 사순절과 부활절의 의미를 배웁니다. |
| 8권 (5–8월) | 여호와의 리더십학교 | 온전한 크리스천 리더십으로 성장하기 위해 우리 마음을 아름답게 가꾸는 내용과 성경 속 다양한 리더십에 대해 배웁니다. |
| 9권 (9–12월) | 성숙한 교회 공동체 | 성경 속 다양한 교회 공동체에 대해 배우며 '빛'을 주제로 한 대림절과 성탄절, 그리고 영혼을 사랑하는 복음 전도에 대해 배웁니다. |

## ◆ 기초튼튼 과정

### 새 친구를 위한 복음의 핵심

- 창조, 하나님이 하신 일
- 죄, 하나님을 슬프게 하는 일
- 예수님, 우리를 위한 선물
- 거듭남, 변화된 삶을 향해
- 성령, 도우시는 하나님
- 성경, 살아있는 생명의 말씀
- 교회, 예수님의 몸
- 예배, 하나님을 기쁘시게

### 신구약을 꿰뚫는 한눈에 보는 성경

**구약 이야기**

- 창조와 타락 최초의 사람들
- 족장시대 약속을 받은 사람들
- 모세와 출애굽 약속의 땅을 향해
- 가나안 정복 젖과 꿀이 흐르는 땅
- 사사시대 시련과 실수
- 통일왕국시대 세 왕 이야기
- 분열왕국시대 하나님을 떠난 이스라엘
- 바벨론 유수와 포로 귀환 다시 세우는 이스라엘

**신약 이야기**

- 예수님의 세 가지 사역
- 십자가와 부활, 승천
- 초대교회의 탄생
- 박해받는 초대교회
- 교회의 부흥과 베드로의 사역
- 안디옥 교회와 최초의 선교사
- 바울의 전도여행
- 로마로 향하는 바울

## ◆ 1권-3권

### 1권 하나님 안에서의 나의 신분

**하나님 안에서의 나의 신분**

- 나를 지으신 주님
- 사랑받는 나
- 나는 부족하더라도
- 하나님 아버지의 마음
- 나는 주님의 기쁨
- 축복의 통로
- 나는 주님의 성전
- 주의 전신갑주를 입고

**사순절과 기쁨의 50일**

- 아들을 보내신 하나님
- 사람으로 오신 예수님
- 죄인의 친구
- 선한 목자
- 십자가를 지심
- 살아나신 그리스도
- 마라나타
- 성령의 열매

### 2권 거듭남 그 이후

**거듭남의 비밀**

- 집중분석, 죄
- 진정한 회개
- 위대한 용서
- 하나님의 무한사랑
- 거듭남1. 제2의 인생
- 거듭남2. 거듭남의 축복
- 거듭남3. 성장의 비밀
- 거듭남4. 구원의 확신

**그리스도인의 삶**

- 예수님을 만난 후
- 주님만 높이는 삶
- 진정한 기쁨이란
- 서로 사랑하기
- 남을 향한 손가락
- 가장 어려운 일, 용서
- 선한 영향력을 미치는 삶
- 하늘에 속한 그리스도인

### 3권 비유로 배우는 하나님 나라

**비유로 배우는 하나님 나라**

- 소금과 빛
- 반석 위에 지은 집
- 선한 사마리아인
- 결실을 맺는 땅
- 포도원 품꾼
- 열 처녀 이야기
- 달란트 비유
- 양과 염소의 비유

**청소년의 삶과 고민**

- 스타에 열광하는 당신
- 따돌림도 죄가 되나요?
- 누가 좀 말려줘요!
- 그리스도인의 이성교제

**대림절과 크리스마스**

- 약속 그대로
- 성탄목의 의미
- 찬송을 넘어 기쁨으로
- 성탄예배 선물

◆ 4권-6권

| 4권 나는 예배자 | | 5권 그리스도인의 관계형성 | | 6권 어려운 질문 | |
|---|---|---|---|---|---|
| 나는 예배자 | · 나는 예배자<br>· 춤추는 예배자 다윗<br>· 멈출 수 없는 예배<br>· 예배의 네 기둥<br>· 찬양과 예배<br>· 함께 드리는 기도<br>· 드림의 비밀<br>· 안식일의 주인 | 그리스도인의 관계형성 | · 부모님 공경하기<br>· 싸우는 가정<br>· 깨어진 가정<br>· 믿지 않는 가정<br>· 다윗의 친구 요나단<br>· 중풍병자의 네 친구<br>· 우정의 황금률1. 선한 충고<br>· 우정의 황금률2. 섬김 | 기도베이직 | · 기도 베이직<br>· 기도의 모범답안, 주기도문<br>· 어려울 때 드리는 기도<br>· 응답받는 믿음의 기도 |
| 사순절과 기쁨의 50일 II | · 향유를 부은 마리아<br>· 예루살렘으로 가는 길<br>· 마지막 설교, 한 알의 밀<br>· 고난과 영광의 길<br>· 부활하신 주님<br>· 디베랴 바닷가<br>· 감람산에서<br>· 마가의 다락방 | 믿음의 영웅들 | · 믿음의 영웅들<br>· 순종하는 믿음, 노아<br>· 내려놓음의 축복, 아브라함<br>· 시련을 이기는 믿음, 요셉<br>· 인생을 바꾼 믿음, 라합<br>· 기적을 부르는 믿음, 바디매오<br>· 믿기 어려울 때<br>· 칭찬받는 믿음 | 어려운 질문 | · 응답받지 못하는 기도의 이유는?<br>· 사탄은 정말로 있을까?<br>· 지옥은 정말로 있을까?<br>· 이단이 도대체 뭐야?<br>· 중독, 어두운 그림자<br>· 내가 고통당할 때 하나님은 어디 계시는가?<br>· 내가 믿음 때문에 손가락질 당할 때 하나님은 어디 계시는가?<br>· 내가 죽고 싶을 때 하나님은 어디 계시는가? |
| | | | | 크리스마스 대림절과 II | · 가브리엘의 방문<br>· 성령으로 기뻐한 사람들<br>· 베들레헴에 오신 왕<br>· 성탄예배 찬송하는 목자들 |

◆ 7권-9권

| 7권 하나님과 친밀함 누리기 | | 8권 여호와의 리더십 학교 | | 9권 성숙한 교회 공동체 | |
|---|---|---|---|---|---|
| 하나님과 친밀함 누리기 | · 하나님의 우선순위<br>· 하나님은 나의 주?<br>· 인생 나침판<br>· 친밀함으로 한걸음 말씀읽기<br>· 친밀함으로 한걸음 말씀처럼<br>· 친밀함으로 한걸음 거룩하게<br>· 성령님과 함께 걸어요<br>· 주님 다시 오실때까지 | 내면의 삶 가꾸기 | · 걱정거리<br>· 열등감<br>· 탐욕<br>· 분노<br>· 강요<br>· 위선<br>· 영적 실패<br>· 경시 | 성숙한 교회 공동체 | · 그리스도의 몸 된 교회<br>· 하나의 교회<br>· 한몸된 지체를 사랑하는 교회<br>· 예배공동체<br>· 품어주고 회복시키는 교회<br>· 쓰다남은 부스러기<br>· 선교하는 공동체<br>· 뜨겁든지 차갑든지 |
| 사순절과 기쁨의 50일 III | · 약속<br>· 약속으로의 초대<br>· 거절당한 예수님<br>· 마지막 수업<br>· 흔들 수 없는 결심<br>· 가상칠언<br>· 부활의 증인되기<br>· 성령받은 후에 | 여호와의 리더십 학교 | · 희생과 섬김<br>· 사람 끌어안기<br>· 하나님께 묻는 리더<br>· 모세의 링커십<br>· 여호수아의 팔로어십<br>· 반면교사 솔로몬<br>· 느헤미야 프로젝트<br>· 리더 임명식 | 전도 | · 주님의 부르심<br>· 나의 프로필<br>· 잃어버린 한 영혼<br>· 나만의 전도스타일 |
| | | | | 크리스마스 대림절과 III | · 공의의 빛<br>· 기이한 빛<br>· 세상의 빛<br>· 성탄예배 빛의 축제 |

토틴시리즈 1. 하나님 안에서의 나의 신분

1판 1쇄 2011년 11월 15일
1판 14쇄 2017년 1월 5일
2판 10쇄 2025년 4월 5일

지은이 토기장이 교재연구팀
일러스트 김미용
대표 조애신
책임편집 김정민, 조미래
편집 이소연
디자인 지은주, 임은미
마케팅 전필영
경영지원 전두표

발행처 도서출판 토기장이
주소 서울시 마포구 동교로 71-1 2F
출판등록 1998년 5월 29일 제1998-000070호
전화 02-3143-0400
팩스 0505-300-0646
이메일 tletter77@naver.com
인스타그램 togijangi_books_

ISBN 978-89-7782-239-9



도서출판 토기장이는 생명 있는 책만 만듭니다.
"우리는 진흙이요 주는 토기장이시니 우리는 다 주의 손으로 지으신 것이니이다" (이사야 64:8)